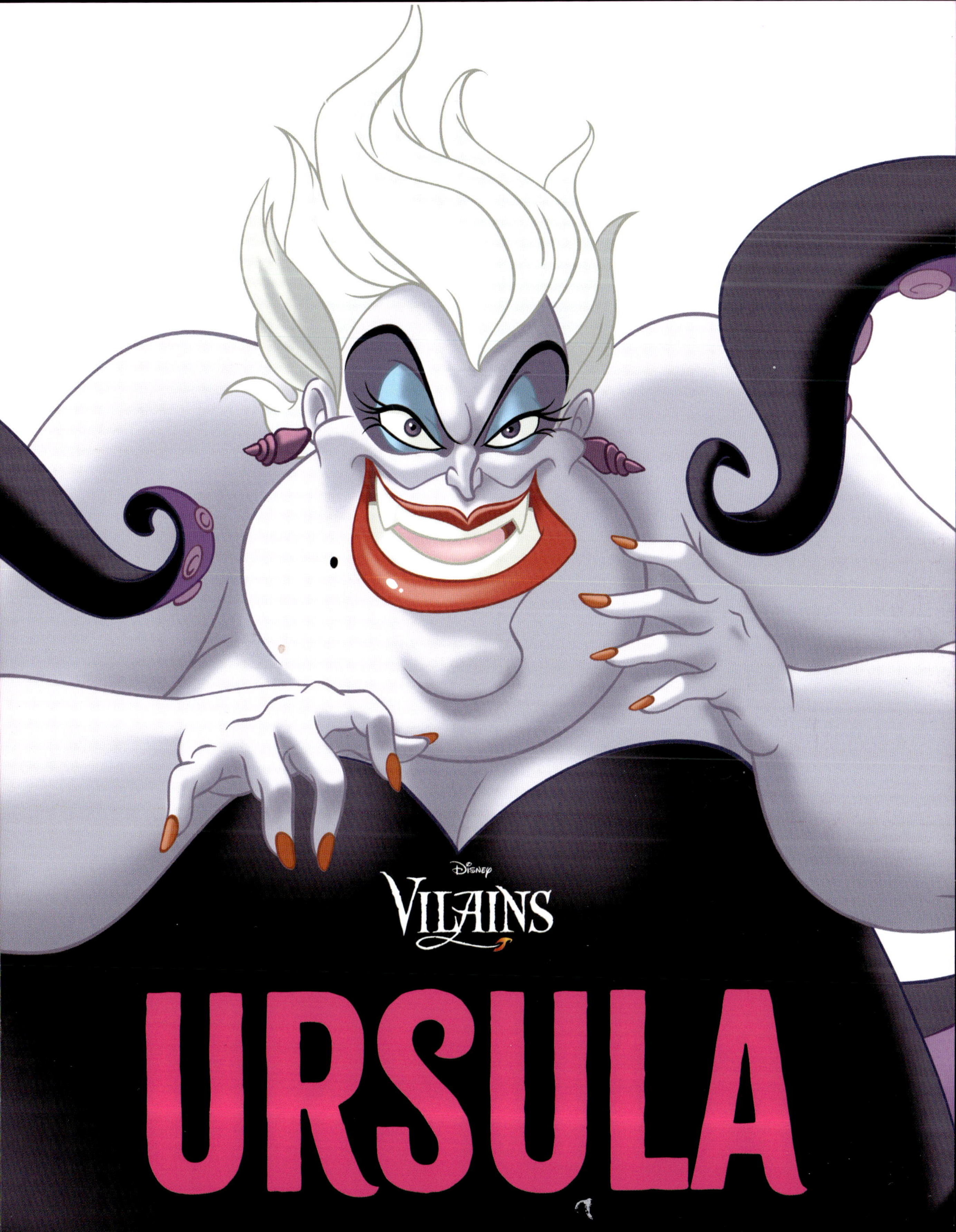

Disney
VILAINS

URSULA

Ursula

POINTS FORTS :

- Pouvoirs obscurs
- Transformation
- Négociation
- Exaucer des vœux

EXPÉRIENCE ET COMPÉTENCES :

- Reine de toutes les mers (détrônée)
- Sorcière du royaume d'Atlantica
- Magicienne indépendante

FORMATION :

- Inutile, quand on possède des dons naturels pour la magie

OBJETS FÉTICHES :

- Couronne et trident de Triton

CHEVEUX :

- Blanc écume

YEUX :

- Bleu tempête

PASSIONS :

- Chaudrons et potions
- Palais royaux
- Adoration
- Vengeance légitime
- Mes petits amours, Flotsam et Jetsam
- Jardinage

LISTE NOIRE :

- Bannissement
- Insolence
- Triton
- Mouettes curieuses et chiens galeux
- Tous ceux qui ne respectent pas les contrats magiques

MES PIRES MÉFAITS...

Triton a commis une grave erreur en me bannissant de son royaume. Je possède plus de pouvoirs dans la pointe de mes tentacules que le reste des créatures marines réunies. Personne n'est plus DIABOLIQUE qu'Ursula ! Je savais que le jour de ma revanche viendrait. Et je suis une sorcière des mers très raisonnable, n'est-ce pas, les garçons ?

Très raisonnable, Ursula !

... pour une sorcière des mers.

J'ai patienté. Après tout, si le royaume de Triton était bien le paradis sous-marin qu'il prétendait, personne n'aurait dû avoir besoin de mes services. C'est pourtant à moi que ses sujets venaient demander de l'aide. PAS À LUI ! Je créais donc des potions et invoquais la magie. Et chaque fois, j'en profitais aussi... C'est la moindre des choses.

Le tout, sans que le grand et terrible Triton s'en rende compte. Il croyait que je restais bannie, loin du royaume, alors que je consolidais mes pouvoirs magiques et attendais le bon moment pour frapper : quand Triton serait au plus bas.

Il n'y aurait vu que du feu, si sa chère enfant n'était pas venue me trouver...

HA ! vous parlez d'un coup de chance ! La princesse Ariel avait besoin d'un service que moi seule pouvais lui rendre : lui procurer des jambes et la possibilité d'épouser le prince humain dont elle était tombée amoureuse. Quelle aubaine !

Je l'ai encouragée à venir passer un marché avec moi. En retour, je ne demandais que sa voix. Un marché très équitable.

Et généreux.

Très généreux.

Je n'y suis pour *RIEN* si elle n'a pas pu conclure l'affaire.

Vous avez pris une apparence humaine et la voix d'Ariel...

... et utilisé la magie pour que le prince tombe amoureux de vous.

Allons, allons. Le contrat ne m'interdisait pas d'intervenir.
Les créatures des mers sont trop naïves.

D'autant qu'Ariel et le prince n'étaient pas mes cibles. Je n'avais rien contre eux. Mon objectif a toujours été Triton, et uniquement Triton.

C'est lui qui m'a bannie d'Atlantica et m'a obligée à vivre seule, abandonnée, oubliée, près de mourir de faim ! Je devais lui faire payer ces années de torture. Et pour cela, je devais être plus puissante que lui.

Sa fille étant menacée, je savais que Triton acceptérait toutes mes exigences.

Je lui ai donc fait signer un contrat. **Ha !**

Il ne demandait qu'à échanger sa vie contre la sécurité de sa chère Ariel. Comme prévu. Il s'est transformé en polype, et j'ai pu m'emparer de son trident et de sa couronne. Mon plan diabolique se déroulait à merveille.

Grâce au trident de Triton, je pouvais régner sur l'océan ! Les mers se pliaient à ma volonté ! Je pouvais déclencher des éclairs, des tempêtes, créer des tourbillons d'un simple geste. Et puis… j'ai décidé que ce travail n'était pas fait pour moi. En ce moment, je travaille sur des projets bien plus importants. Et je me fiche de ce que vous croyez avoir entendu : je n'ai pas été vaincue par l'amoureux d'Ariel…

Est-ce clair ?!??

 Tout à fait..

 Très, très clair, Ursula.

 C'est ce qu'il me semblait.

CHAOS À ATLANTICA

Ursula, la sorcière des mers, est d'humeur encore plus **MASSACRANTE** que d'habitude, ce matin. Ce n'est pas peu dire...

Même Flotsam et Jetsam, ses fidèles murènes, n'osent pas l'approcher tant elle semble furieuse.

– Chaque année, le jour du **FESTIVAL DU CORAIL,** c'est pareil, soupire Flotsam, déconfit.

Lors de cet événement, les sirènes et les tritons célèbrent la beauté des fonds marins… Et Ursula ne le supporte pas !

Le simple fait d'imaginer ces créatures marines en train de s'amuser donne des boutons à la sorcière.

— TOUTE CETTE JOIE..., grommelle-t-elle. Si seulement je pouvais trouver le moyen de gâcher leur fête...

Grâce à sa boule de cristal, Ursula assiste à l'inauguration du festival.

– Soyez **LES BIENVENUS !** lance le roi Triton à tous ses invités. Les réjouissances vont enfin pouvoir commencer !

– J'ai hâte de participer à la course, se réjouit une sirène.

– Moi, je préfère le ballet aquatique, répond sa voisine.

– Attendez de voir la parade féerique, s'extasie un triton, c'est vraiment **MAGIQUE...**

– Et moi, vous savez ce que j'ai envie de faire ? marmonne Ursula dans son repaire. J'ai envie de semer **LA ZIZANIE** durant ce festival !

Et elle part d'un grand éclat de rire malfaisant.

Pendant ce temps, Triton et ses invités se réunissent devant le palais pour assister au départ de la **GRANDE COURSE.**

Aucun d'entre eux ne se doute qu'Ursula et ses sbires les observent derrière une colonne.

Tout à coup, les nageurs s'élancent. Cachée par un rocher, Ursula s'agite pour les effrayer. La manœuvre ne réussit qu'à produire un courant puissant qui les propulse vers **LA LIGNE D'ARRIVÉE !**

Les spectateurs applaudissent les vainqueurs tandis que le roi distribue les médailles.

Ursula peste dans son coin, mais elle est loin d'avoir dit son dernier mot. La sorcière a **PLUS D'UN TOUR DANS SON SAC !**

– Ne vous en faites pas, souffle-t-elle à Flotsam et Jetsam. J'ai une autre idée en tête. Nous allons rendre leur misérable ballet aquatique **INOUBLIABLE,** cette année, je peux vous l'assurer !

Sans attendre, Ursula et ses murènes sournoises se glissent discrètement dans **LA SALLE DE BAL,** où l'orchestre joue une musique douce. Sur la scène, d'élégantes ballerines ondulent au rythme de la mélodie.

– Je vais leur en donner, de la musique, ricane Ursula.

Elle place **UN DISQUE** sur le gramophone et pousse le son au maximum. On n'entend plus du tout l'orchestre !

– Si avec cela, la fête n'est pas gâchée..., se réjouit la sorcière.

Les danseuses échangent des regards perplexes. D'où vient cette **NOUVELLE MUSIQUE ?** Ce n'était pas prévu… Doivent-elles continuer leur numéro ?

Mais une fois la surprise passée, et à la stupeur d'Ursula…

... les sirènes et les tritons se mettent tous à **DANSER.** Ils ont l'air d'adorer le morceau choisi par la sorcière. Celle-ci n'en croit pas ses yeux : il se passe exactement l'inverse de ce qu'elle avait prévu !

– Malheur de malheur ! enrage Ursula. Ces maudits écervelés s'amusent comme jamais ! C'est **INSUPPORTABLE !**

Flotsam et Jetsam, eux, fracassent des assiettes de corail pour apaiser leurs nerfs.

Avisant soudain le roi Triton qui prend la tête de **LA GRANDE PARADE,** Ursula a une idée :

– Nous aussi, nous allons fabriquer un char et nous mêler au cortège, annonce-t-elle. Mais à ma façon !

Le défilé de cette année est somptueux. Chacun des chars, parés d'ornements chatoyants, est tiré par une créature marine différente. Le spectacle est absolument **ÉBLOUISSANT.**

La foule est enchantée et salue le passage des chars par des salves d'applaudissements et des vivats tonitruants. Triton peut être fier : le festival du Corail est un **FRANC SUCCÈS !**

De son côté, Ursula a terminé son char et s'apprête à se joindre au cortège. Hélas pour elle, **LE GRAND FINAL** du festival commence : les coraux s'ouvrent, bloquant ainsi leur passage.

Tout à leur joie, les sirènes et les tritons ne remarquent même pas la présence de la sorcière des mers et de ses acolytes aux abords du défilé : ils n'ont d'yeux que pour **LE SPLENDIDE SPECTACLE** des coraux multicolores.

URSULA A ÉCHOUÉ sur toute la ligne et n'a plus qu'à rentrer bouder dans son repaire. Flotsam et Jetsam, qui tirent son char, se font tout petits : elle serait bien capable de se venger sur eux !

hachette
JEUNESSE

Direction : Antoine Béon
Responsable éditoriale : Adélaïde Lebuy
Responsable artistique : Pauline Ortlieb
Graphiste : Glen Le Boulicaut
Fabrication : Anne-Laure Soyez
Édition : Naïma Timzouert
Suivi éditorial : Anne-Laure Estèves
Adaptation du texte : Christophe Rosson
Mise en page : Paul Bagheri-Poubanne
Correction : Margo Vitrac

Édité par Hachette Livre – 58, rue Jean Bleuzen – 92178 Vanves Cedex
Imprimé par Pollina en France - 99127 – Achevé d'imprimer : septembre 2021
ISBN : 978-2-01-714630-8 – Édition : 01 – Dépôt légal : septembre 2021
Loi n°49-956 du 16 juillet 1949 sur les publications destinées à la jeunesse.

Pour tout renseignement concernant nos parutions, nous contacter par e-mail : disney@hachette-livre.fr
Pour l'éditeur, le principe est d'utiliser des papiers composés de fibres naturelles, renouvelables, recyclables et fabriquées à partir de bois issus de forêts qui adoptent un système d'aménagement durable. En outre, l'éditeur attend de ses fournisseurs de papier qu'ils s'inscrivent dans une démarche de certification environnementale reconnue.